W0320890

# TEMPS LIÉS
# AVEC NOUREEV

DU MÊME AUTEUR

J'AI DANSÉ SUR LES FLOTS, Grasset, 1993.

ROLAND PETIT

# TEMPS LIÉS AVEC NOUREEV

BERNARD GRASSET
PARIS

Tous droits de traduction, de reproduction et d'adaptation
réservés pour tous pays.

© *Éditions Grasset & Fasquelle, 1998*

## AVANT-PROPOS

Il y a mon Noureev, ton Noureev, son Noureev, notre, votre, leur, à chacun le sien.

Quelques-uns le décriront explosif et séduisant, d'autres fier et redoutable, tandis que certains vous diront qu'il était drôle et plein d'humour.

Pour moi il était tout à la fois, j'ajouterais même qu'il avait, ce qui est rare, le don de l'amitié.

Si j'écris ce petit livre sur mon ami Noureev, c'est pour me retrouver près de lui et faire revivre quelques instants de travail et de complicité que nous avons partagés. Surtout pas de langue de bois pour raconter une star empaillée qu'il n'a jamais été, mais un homme brûlant la vie avec le travail, l'humour ravageur qui déstabilisait son interlocuteur, l'amour de son art et de la vie, dans laquelle il mordait à pleines dents avec excès jusqu'à en mourir.

Tous ces moments de travail, de rire, de plaisir vécus ensemble m'habitent toujours d'une façon indélébile. Les disputes, les coups, les plus cruelles algarades, les plus violentes, ainsi que les insultes, leurs traces se cicatrisent vite, chacun attendant que l'autre fasse le premier pas, cherchant à renouer les liens irremplaçables de l'amitié.

« Temps liés » entre Noureev et moi, « temps liés » au cours des spectacles que nous avons partagés, liaison amicale, affectueuse et souvent orageuse, chorégraphiée avec de savoureux ralentis et des accélérations quelquefois brutales. Pourtant, malgré des accidents de parcours dont nous étions tour à tour responsables, l'authenticité de mes sentiments à son égard est toujours restée intacte.

Le « temps lié » est un pas de danse répertorié dans les principaux dictionnaires spécialisés depuis le XVIIIe siècle.

*« Quantité de danseurs s'imaginent, Monsieur, qu'il n'est question que de plier les genoux très bas pour être liant et moelleux. » (Noverre, 1790.)*

*« Le lié, ou legato, sert à LIER plusieurs mouvements ensemble. » (Arthur Saint-Léon, 1852.)*

*« "Le temps lié" » is a widely used combination which starts in beginners' classes and gradually increases in difficulty*. »* (Basic Principles of Classical Ballet, *Agrippina Vaganova,* 1934.)

* « Le "temps lié" est une combinaison très largement utilisée, dont l'enseignement commence dès les classes de débutants et dont la difficulté s'accroît progressivement. »

## *Temps liés avec Noureev*

*« Les temps liés sont une série de mouvements à travers lesquels on apprend à changer le poids du corps d'une jambe sur l'autre en liant une pose à l'autre, ce qui nécessite un grand contrôle de tout le corps. Chacun d'eux doit faire littéralement chanter le corps qui s'étire, se grandit de toutes parts en mesurant ses possibilités d'espace au sol et en l'air, dans les épaulements. Ils se font en avant et en arrière. » (*Pédagogie de la danse classique, *éditions Amphora, 1981.)*

En 1957, j'étais invité dans une ville d'Europe à une grande rencontre artistique organisée par les Russes. J'ai refusé d'y participer, pensant que j'aurais fait là un acte politique et Dieu sait si j'étais loin de l'idéal communiste. Le ballet de l'Opéra de Paris y est allé à ma place.

En 1959, nouvelle invitation. J'ai aussitôt accepté en insistant sur le fait que je ne voulais participer à aucun débat, non plus donner d'interview qui pourrait avoir l'air de me mettre en accord avec leur point de vue sur la culture imposée à chacun, comme une distribution de tickets d'alimentation. André Thomazo qui avait organisé mon voyage a tenu sa promesse. Dans ma chambre au Grand Hôtel impérial de Vienne en Autriche j'assistai de ma fenêtre au défilé de nombreuses compagnies de ballet, de théâtre, ainsi qu'à de grandes formations d'orchestre en tous genres. Ils n'avaient pas froid aux yeux de parcourir la ville avec des pancartes protestataires tout en chantant des hymnes révolutionnaires. Moi, j'allais de l'hôtel au théâtre où nous dansions *Cyrano de Bergerac* à pied en frôlant les murs et n'ai rencontré personne. Si pourtant, je me souviens bien du jeune cosaque aux yeux souriants et aux lèvres gourmandes qui après le spectacle s'était faufilé jusque dans ma loge. C'était Noureev. Il se présenta et tout en se frottant les mains avec jubilation, me bredouilla quelques mots en anglais qui se terminèrent par « I see you again* ». Je rentrai à Paris où quelques mois plus tard, ayant oublié

* « On se reverra. »

cette rencontre fortuite, j'apprenais par les journaux qu'un jeune danseur prodige du ballet de Leningrad, en représentation au théâtre des Champs-Elysées, venait de demander l'asile politique à la France lors de l'embarquement au Bourget du ballet du Kirov qui regagnait ses quartiers d'hiver. Le KGB, pour entraver la liberté du citoyen soviétique, avait organisé un barrage fait de policiers russes en civil accompagnés de CRS français qui se demandaient ce qu'ils faisaient là, savamment dispersés dans l'aéroport pour parer à toute éventuelle évasion.

Et ce lascar n'était autre que mon jeune ami venu applaudir mon ballet à Vienne. Oui, sur les photos qui accompagnaient l'événement, c'était bien lui, pommettes hautes, riant, heureux d'avoir ouvert la première porte de son chemin vers la gloire, propulsé seulement par sa passion du mouvement, de la danse qui l'aidait à s'exprimer et ainsi lui traçait le chemin qu'il allait parcourir.

Noureev, libéré du joug soviétique, est allé à Londres, invité permanent de la grande danseuse Margot Fonteyn qui, se sentant fatiguée par la monotonie de sa vie théâtrale, avait fait venir près d'elle, comme jouvence inespérée, le jeune barbare qui créait déjà l'événement autour de lui et auréolait ses partenaires : les laides devenaient belles, les grosses maigrissaient épuisées par le travail intensif de leur piaffant partenaire. Alors vous pensez, pour Margot, Noureev était la perle qui manquait à sa couronne et elle n'avait pas l'intention de s'en priver.

Très vite le phénomène Noureev devint incontournable, spectacles autour du monde, conversations dans les salons commentant ses exploits à New York, à Paris, à Londres, enfin à propos de tout Noureev était présent.

Je continuais ma vie en d'autres lieux sur d'autres scènes en partageant ma vie entre la danse et l'amour que je portais à ma famille, quelquefois je pensais à Margot, à ses nouveaux succès dont j'étais souvent averti par les scandales que provoquait Noureev (main dans la braguette d'un flic canadien, danseuse du corps de ballet giflée, etc.) ; quelle pub ! vraiment ce jeune athlète est un champion en communication et ses exploits chorégraphiques mis en valeur par tant de vitalité font vite du danseur une superstar aussi envahissante, admirée et contestée que Rudolph Valentino qu'il interpréta plus tard au cinéma.

Rudolf Noureev, maintenant ton nom est sur toutes les lèvres, dans toutes les conversations. On n'avait pas vu ça depuis Frank Sinatra, Elvis Presley et quelques autres superstars. Des fans partout criant, piaffant, pleurant d'hystérie à l'approche de leur idole bien-aimée, et cette fois ce miracle ne se produit pas par l'intermédiaire du cinéma ou du show-biz mais bien avec l'art subtil et profond de la danse qui, grâce à ce phénomène bondissant, faisait rêver jusque dans les chaumières les plus éloignées. Comme tout cela était loin de mes préoccupations financières, de mon souci permanent de trouver les astuces qui me permettent de créer les nouveaux ballets qui feraient rebondir le succès de ma compagnie.

Rudolf n'était pas particulièrement beau, de taille moyenne, souple et puissant, des hanches solides, les jambes fortement musclées un peu courtes, le buste plat, comme celui d'un enfant qui aurait poussé trop vite, des mains trapues, la bouche charnue, la lèvre supérieure griffée, balafrée, éclatée, un air de petite frappe, un air de voyou, les yeux marron aux reflets d'or, le nez légèrement épaté et une chevelure changeante comme le sable au soleil. Rien d'extraordinaire et pourtant quand il vous portait intérêt, on était conquis par le premier regard, un regard interrogateur, « vous me plaisez, semblait-il dire, allons-nous nous entendre ? », et là commençait la grande scène de séduction, il devenait dès ce moment irrésistible. Sous le charme, vous étiez sous le charme, hypnotisé, entre ses mains, il pouvait faire de vous ce qu'il voulait, et c'est à ce moment précis qu'il se détournait tout simplement vers une autre proie.

Pour attaquer, pour se défendre, le vocabulaire de Rudolf était interchangeable entre le « pisda » russe qui revenait instinctivement en priorité, et en deuxième position l'incontournable « fuck yourself » qui, plus répandu dans les pays anglo-saxons qu'il fréquentait, était compréhensible par tous. Son interlocuteur était choqué, vexé quand la phrase qui tombait allait droit au but et lui coupait le sifflet. Enfin Noureev, avec le sens de la démesure qu'on lui connaissait, trouvait le mot de la fin qui faisait sourire son entourage et le mettait ainsi de son côté.

Le couple Fonteyn-Noureev dansant *Gisèle* pour la première fois sur la scène du vieux Metropolitan de Broadway est inoubliable.

Ce qui rendait leur version du célèbre classique exceptionnelle était qu'ils dansaient ce ballet du XIXe siècle comme une œuvre contemporaine, non pas la chorégraphie, inchangée depuis des lustres, mais leur interprétation toute d'intériorité et de passion, lourde de chagrin, complètement intemporelle. On devinait dans leurs échanges de regards, et par la façon si déférente dont ils se comportaient l'un envers l'autre, que l'amour était le troisième larron, comme le Saint-Esprit entre eux deux.

Et voilà, l'imprévu arrive, on m'amène à l'Hôpital américain en urgence, vite opéré d'une occlusion intestinale, j'ai cru mourir. Quelques jours plus tard j'ouvre la télévision où je vois une speakerine, femme-tronc, annoncer ma mort prochaine. Heureusement j'avais abordé la rive réconfortante de la guérison. Un beau matin encore, on frappe à la porte de ma chambre, et qui apparaît dans l'encadrement, quelques fleurs à la main ? Margot. Elle venait, disait-elle, me voir pour me demander de créer un ballet nouveau à Covent Garden.

Etait-ce pour m'aider à guérir vite qu'elle venait me proposer ce que j'aime le plus, créer pour des artistes comme elle et son Noureev ? J'étais très tenté de répondre tout de suite « je suis prêt » mais la tête me tournait et je ne pouvais rien promettre. Ma femme est arrivée et a pris le relais, « j'arrange tout » me dit-elle, et je me suis endormi.

Après une longue convalescence, vint le jour où, me retrouvant devant une barre et un miroir comme témoin, je me remis au travail, tout en étant à la recherche du déclic qui ferait démarrer mon futur ballet pour ma grande amie anglaise.

Le livret, je l'écrivis avec Jean Cau, Marius Constant commença sa partition musicale. C'était parti : *Le Paradis perdu,* d'après Milton, prenait vie. Encore bien faible je suis pourtant parti pour Londres affronter le monstre, heureusement épaulé par la reine du ballet anglais, laissant mon épouse qui allait tant me manquer jouer à Paris *La Dame de chez Maxim's* et s'occuper de ma petite fille chérie.

J'arrivai seul à Londres dans un appartement cossu donnant sur Holland Park où les enfants, les jeunes filles et leurs amis jouaient à toutes sortes de jeux bruyants mais fort sympathiques, car toujours avec le fameux flegme qui caractérise les sujets britanniques.

Je m'ennuyais déjà, la première répétition, malgré le sourire toujours avenant de Dame Margot et le calme qui se dégageait d'elle, fut un échec. Le monstre imperturbable attendait du nouveau, le chorégraphe français devait se montrer à la hauteur de la situation. Que fallait-il faire ? L'insulter, le bousculer, le désarçonner en lui proposant une chorégraphie qui lui serait difficile à exécuter ? Je n'avais pas la force de me battre. En rentrant chez moi, en attendant la rame du prochain métro, je me sentis vaciller et perdre l'équilibre physique et moral.

Je suis rentré en France par le premier avion.

L'effet Jeanmaire agit toujours, aussitôt près d'elle je me reconstruis, le tonus revient, je recharge mes accus à son énergie infaillible, et me revoilà parti pour Londres où Margot et le jeune monstre m'attendaient impatiemment.

Margot Fonteyn m'a tout de suite prévenu : « Dear Roland, si vous vous laissez faire par le joli moujik, vous ne resterez pas à Londres longtemps. » Nous nous sommes remis au travail en commençant par la variation de Noureev. J'ai réglé au jeune monstre un pas qui lui a plu. Après avoir pendant un moment écouté la musique, j'ai pensé qu'il serait bien de le répéter trois fois de suite. Sa réponse fut précise : « Niet. One time only*. » J'ai immédiatement arrêté la répétition et je suis parti. Quand nous avons repris le lendemain, il a fait le pas une première fois, m'a regardé en marquant une seconde d'hésitation, puis a enchaîné les deux fois suivantes. Nous nous sommes souri, nous étions devenus amis et complices.

Ma chère mère venue me rejoindre dans l'appartement cossu et lumineux loué pour mon séjour londonien organiserait mes dîners, en même temps se chargerait au téléphone de mon planning quotidien, mais rien ne se passa comme prévu. Rudolf avait décidé de s'occuper de moi, il venait le matin me chercher avec la petite voiture qu'il venait d'acquérir et qu'il conduisait

* « Non. Une fois seulement. »

avec beaucoup d'orgueil et de maladresse, me ramenait chez moi en fin d'après-midi et disparaissait aussi vite que l'éclair pour vaquer à quelques occupations qu'il chérissait.

A l'heure du dîner, Maman était seule à table tandis que j'allais rejoindre mon jeune chauffeur pour l'accompagner dans ses randonnées londoniennes, les restaurants auréolés par les célébrités qui venaient s'y restaurer, les bistrots français, les pubs les plus sombres où la bière coulait à flots et où quelques loubards portaient des accessoires féminins. Pour terminer la soirée, Rudolf me ramenait chez moi où Maman dormait depuis longtemps, tandis que mon ami dévoué partait plein d'énergie faire un tour avant de rejoindre son deux-pièces.

Le matin suivant il sonnait à ma porte et nous recommencions le même manège, classe, répétitions, un thé chez Black Queen — la mère de Margot qui dans sa jeunesse devait être aussi éblouissante que sa reine de fille au regard sombre et profond, habitait à côté des salles de danse et chaque jour nous allions, Margot, Rudolf et moi, à l'heure du break, décortiquer, une tasse de thé à la main, les intentions du travail que nous accomplirions le jour suivant. Reconduit chez moi, je restais avec quelques remords une heure près de ma chère Maman. Le temps passait si vite qu'il m'arrivait même, pardon, de l'oublier.

Lasse de sa solitude, elle est, au bout de quelques jours, repartie pour Paris, me laissant entre les mains de mon mentor qui organisait mon emploi du temps d'une façon judicieuse et souvent inattendue. Mais qui aurait pu se plaindre d'avoir près de lui un ami si désintéressé et si dévoué ? Le plus amusant est qu'à cette époque, au zénith de sa jeune carrière, il était à Londres aussi connu que le loup blanc. Les gens sur son passage se retournaient et n'osaient pas l'approcher pour le regarder de plus près ou lui demander une dédicace, tant le monstre prenait un air mystérieux et hautain, le regard absent, tel un sphinx bien connu des cinéphiles *.

Mon esprit est frappé par certaines images fulgurantes qui prennent vie avec précision et illuminent mes souvenirs.

Jour après jour nous étions devenus Rudolf et moi inséparables, et pour entrecouper mes fins de soirée en solitaire, il m'arrivait quelquefois de passer la nuit chez lui, et comme il n'y avait qu'un lit, l'hospitalité n'en était que plus intime, et après de longues conversations entrecoupées de fous rires, nous nous endormions dos à dos comme deux frères aux rêves tournés vers des horizons bien différents.

Un visage d'ange peut-être, une intelligence diabolique sûrement, et

* Greta Garbo.

des pieds ailés à la détente impressionnante qui donnent le départ à l'envol auquel le reste du corps participe. L'athlète impose l'admiration par l'équilibre de chacun de ses membres, le sexe bien planté, il en est fier, et se complaît sans pudeur dans sa nudité. Il se dégage de cette machine à danser une énergie et une virilité qui forcent l'admiration. A le suivre dans la pratique de son art, ses amis devenaient eux-mêmes des artistes.

C'est le don du génie, il déteint sur ceux qui l'approchent.

Aller dans un endroit de rencontre, consommer, rentrer chez soi et après une toilette rapide, vite dormir pour récupérer la fatigue d'une longue journée de répétitions et attaquer le lendemain, souvent engourdi de la veille. Rudolf n'avait pas de temps pour les passions sentimentales. Il gardait son énergie pour travailler en dansant sa vie.

Des pays qu'il traversait, il ne connaissait que les aéroports et les théâtres, les amis étaient là pour mettre en valeur ses spectacles et parfois pour combler le vide de sa solitude.

Un nouveau visage arrivait, il était aussitôt effacé par l'exigence d'un emploi du temps qui accaparait le monstre sacré, celui qui brouille les cartes pour mieux les distribuer à la solde de ses succès devant les projecteurs qui dessinaient les jours et les nuits de l'artiste.

Ainsi sa sexualité, accomplie vite fait bien fait, hygiénique comme on se lave les mains, ne lui prenait que peu de temps de sa vie bouillonnante. Les endroits à voyous ou les mieux fréquentés fascinaient l'artiste, pourvu que le contact soit vite établi et le marché vite conclu. Ainsi sous les aspects superficiels d'un homme qui brûle sa vie par les deux bouts, en amoncelant succès, fortune et conquêtes faciles,

*Temps liés avec Noureev*

Rudolf était esclave de la passion qui squattérisait sa vie. La danse était là, occupant en conquérant chaque instant, laissant derrière elle, oubliées, la solitude, les douleurs physiques permanentes d'un corps torturé par les exigences d'un art, d'un métier trop cruel, pratiqué à doses survoltées comme savait si bien l'organiser le danseur.

## 1967

Répétition générale de *Paradise Lost* à Covent Garden.

Catastrophe, Margot est très calme comme toujours mais lui le danseur est absent, il efface la chorégraphie, je ne reconnais plus mon ballet. Le jour de la première, anxieux, je vais bavarder avant le spectacle avec lui pendant qu'il se prépare : « Don't worry, I made love three times today, so you understand why I feel really great tonight*. »

Suivirent des explications rocambolesques qui me firent monter le rose

* « J'ai fait l'amour trois fois aujourd'hui, alors tu peux comprendre que je suis vraiment en forme ce soir. »

aux joues, et Dieu sait s'il en faut plus qu'un peu pour me faire rougir.

Le soir de la première, à la fin du premier tableau de *Paradise Lost* Noureev, après un long manège composé de pas très simples qu'il accélère à chaque seconde, finit son parcours en plongeant littéralement dans un immense portrait de Margot et pas n'importe où, tout simplement dans la bouche, il lui fallait bien viser. L'exploit à peine terminé, après deux ou trois secondes d'éternité la salle était debout pour acclamer son idole. Le succès était acquis.

Le lendemain Rudolf est venu me chercher dans sa petite voiture pour m'accompagner à la gare ; en plus de mes valises qu'il m'aidait à porter il avait à la main un paquet bien emballé sur lequel était écrit « fragile ». C'était un cadeau souvenir, une douzaine de gros verres à pied que j'avais remarqués dans la vitrine d'un antiquaire au cours d'une de nos promenades. Je les ai économisés pendant de longues années mes verres à pied, il m'en est pourtant resté un qui a résisté au temps. Aujourd'hui il est cassé lui aussi.

Le succès de *Paradise Lost* était retentissant, aussi il semblait évident que cette production devait être présentée à Paris. Je rencontrai Georges Auric qui était à cette époque le grand patron de l'Opéra Garnier et lui proposai mon ballet interprété par les deux divins danseurs. Margot, oui, cela lui semblait une évidence, mais le moujik, non, il n'était pas question de rompre les relations amicales qui liaient l'Opéra de Paris à l'ambassade soviétique, celle-ci n'ayant pas oublié l'affront que leur avait fait le danseur Rudolf Noureev en sautant par-dessus le barrage policier de l'aéroport du Bourget pour crier son bonheur de connaître enfin la liberté.

J'ai très amicalement dit à mon ami Auric combien j'étais désolé d'être dans ce cas obligé d'accepter la proposition que me faisait le théâtre des Champs-Elysées de présenter *Paradise Lost.*

Le lendemain Auric me téléphonait son accord, l'Opéra de Paris produirait mes deux amis sur la plus belle scène de France.

1967

Rudolf voulait danser *Le Jeune Homme et la Mort* avec Zizi, son emploi du temps le libérait une petite semaine. Zizi qui aime se sentir à l'aise dans un rôle qu'elle doit interpréter hésitait. Finalement nous nous sommes enfermés tous les trois, la Mort, son jeune homme et moi le metteur en scène sur un plateau de cinéma entouré de miroirs, avec les caméras dans le champ. Les deux artistes se sont mis au travail, apprendre la chorégraphie et comment l'interpréter. Zizi passionnée s'amusait beaucoup avec le monstre, elle avait réussi à créer sur le plateau un climat détendu propre à

1. Zizi, Rudolf et Roland en répétition pour le film *le Jeune Homme et la Mort.*

2. Rudolf danse *le Jeune Homme et la Mort.*

3. Zizi et Rudolf pendant le tournage du *Jeune Homme et la Mort,* 1966.

4. Margot et Rudolf, sur scène, dans *Pelléas et Mélisande* de Schönberg, 1969.

5. Rudolf se prépare à plonger dans la bouche de Margot.
Décors de Martial Raysse pour *Paradis perdu*, Covent Garden, 1967.
( © photo Gamma )

6. Rudolf et Roland pendant le tournage d'*Extase* de Scriabine, pour la télévision.

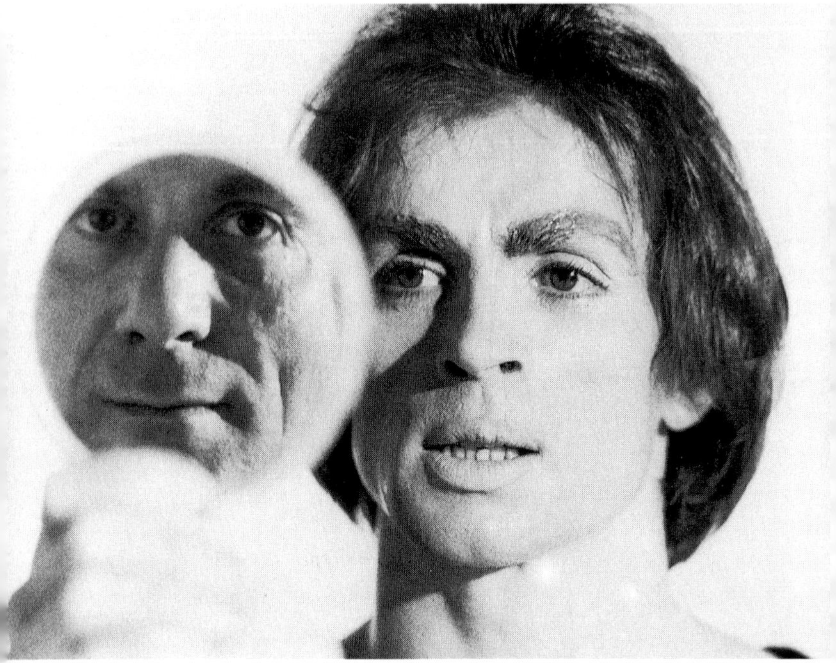

7. Roland tient le miroir à Rudolf pour un raccord de maquillage lors du tournage d'*Extase*.

8. Margot et Roland répétant à Covent Garden *Pelléas et Mélisande*.

**Crédits photos : 1 à 6, Collection Roland Petit © DR — 7, © Giancarlo Botti — 8, © Archives Covent Garden.**

faire ressortir le charme attentionné du danseur qui en général mettait ses partenaires durement à l'épreuve avant de se décider à les accompagner; mais avec Zizi tout marchait tout seul, et le couple s'entendait d'une façon rayonnante.

La répétition mise en boîte on installa le décor et cette fois on tourna le ballet dans son ordre chronologique.

A un raccord de maquillage je tenais le miroir du danseur devant son visage, il me demanda avec un sourire malicieux tout en retouchant son léger pancake : « Am I good on the screen* ? », je lui ai répondu : « Tu es aussi photogénique que Marilyn Monroe. » Son sourire devint un éclat de rire, il était ravi et prêt à tourner.

Mon ami n'est pas crâneur pour deux sous, pas la grosse tête, simplement un air qui défiait ses interlocuteurs, un simple coup d'œil photographique avec une idée très précise de

---

* « Est-ce que je passe bien à l'écran ? »

l'ami ou de l'adversaire susceptible de jouer avec lui au bras de fer ou au bras d'honneur. Les plus aimés, les plus admirés étaient ceux dont les qualités de courage, de résistance physique et intellectuelle l'éblouissaient ; ceux aussi qui lui tenaient tête lui plaisaient beaucoup et il perdait ce côté vindicatif et inquiétant qui pouvait le rendre redoutable.

Noureev aimait avec eux la joute quotidienne, le bras d'honneur étant pour les autres, les témoins, ceux qui assistaient au spectacle incessant dans lequel il se mettait en scène avec violence ou plus rarement en gros chat ronronnant ; là, il remportait toujours un grand succès, il déclenchait la sympathie ou un rejet immédiat selon son humeur qui influençait le choix du rôle qu'il allait décider d'interpréter.

## 1969

Après avoir dépensé beaucoup d'énergie et de diplomatie pour faire danser le ballet de l'Opéra de Paris sur le sol en le faisant évoluer sur un grand tapis de linoléum afin d'éviter les échardes menaçantes, les danseurs glissent, roulent, déboulent en positions horizontales pour exprimer les sentiments lyriques et rythmés de la *Turangalila Symphonie* de Messiaen. Je voulais recréer cet exploit, qui avait renouvelé l'approche de la chorégraphie contemporaine, avec le Royal Ballet sur la scène de Covent Garden pour ma nouvelle création, *Pelléas et Mélisande* de Schoenberg.

Mais voilà, les danseurs anglais

étaient moins prompts à l'aventure que leurs voisins les Français.

C'est peu dire que le travail était ardu, il était quasiment impossible de faire se mouvoir différemment ces artistes, réfractaires à toute reptation. Mais le plus difficile fut de demander à l'inaltérable étoile ma chère amie Dame Margot de bien vouloir m'aider à montrer l'exemple et d'essayer de danser le corps entièrement en contact avec le sol.

L'expérience s'avéra insatisfaisante, seul le monstre s'amusait beaucoup. Il était aujourd'hui partant pour toutes les aventures. Pourtant malgré le talent de mes interprètes, le ballet me sembla long et ennuyeux, le public ne devait pas s'amuser non plus.

Noureev parle le français avec un accent indéfinissable, assez vite le roulement de l'accent russe disparaît pour laisser place à une façon de tourner ses phrases à l'anglaise accompagnée de nombreux mots poivrés américains, de mots cinglants, indécents, qui font peur, et il aime ça, choquer et rendre son interlocuteur instable.

Avec le temps le français hésitant avait complètement perdu pied, l'anglais sombré dans l'oubli, il n'y avait plus que l'américain et son vocabulaire de Sodome ; la provocation était sûrement réservée à une amie ou plutôt une connaissance à exploiter pour le business exclusivement. Rudolf ne donnait après bien des hésitations son amitié exclusivement qu'aux hommes, « the bitch * » était pour les femmes, « a nice boy ** » pour les garçons, à l'exception de Margot qui elle avait toujours grâce à ses yeux. Il me dit un jour de confidence : « J'aurais dû l'épouser, c'est elle la femme de ma vie. » Il aimait bien aussi Marie-Hélène de Rothschild à qui il avait confié le secret de sa maladie que nous n'avons tous connue après des soup-

* « La garce ».
** « Un gentil garçon ».

çons démentis qu'une décennie plus tard, sans oublier Douce François, sa confidente et son souffre-douleur, mais à part ces trois muses, seuls les garçons le réconfortaient. Avec eux il était à son aise, à égalité.

Il venait tout droit d'un pays lointain, maculé par une culture barbare et inhumaine, et s'était pourtant bien vite imbibé du raffinement européen qu'il manipulait à sa manière, brutale et affectueuse à la fois, les ors et les satins étaient son lot quotidien, il s'y enroulait avec volupté, encore tout transpirant de ses ébats chorégraphiques et de ses débauches sentimentales. Rudolf a vite fait de s'approprier nos subtilités et jusqu'à nos préciosités pour les adapter à son mode de vie à la sauce rude et pimentée de ses ancêtres. Cela choquait souvent, mais finalement plaisait beaucoup, on se sentait bousculé dans nos habitudes de fausse courtoisie.

## Rudolf in Zurich

One night in Zurich after the ballet evening and a big boring supper, I did not feel like going to bed alone. I walked and met a wonderful thing, my type. Impossible to take my friend in my Baur au Lac Hotel, so we made love in a bosquet just in front of the lake. It was great*.

Je suis quelques mois plus tard descendu au même hôtel, j'ai cherché vainement le bosquet, peut-être quelques arbustes, un treillage, quelque chose d'un peu touffu, eh bien rien, sinon un petit buisson autour duquel tournaient les automobiles. J'en restai circonspect et doutai fort de l'authenticité de son histoire, à moins que !

* Un soir à Zurich, après le spectacle et un grand souper ennuyeux, n'ayant aucune envie d'aller me coucher seul, je suis sorti, et après quelques pas j'ai rencontré une créature magnifique, tout à fait mon genre. Impossible de l'amener à l'Hôtel du Lac, alors nous avons fait l'amour dans un bosquet en bordure du lac. C'était formidable. »

L'appartement de ses débuts londoniens était celui des premiers succès, modeste, presque pauvre, cuisine peu utilisée, bain-douche inévitable et chambre sans meubles ni décoration : un grand lit toujours défait, un téléphone sur une chaise était sans cesse occupé : Noureev parlait des heures de ses prochaines programmations, de ballets qu'il dansait ou allait danser, il était aussi harcelé par des filles ou des garçons, admirateurs hystériques, qui voulaient entendre le son de sa voix ou essayaient en vain d'obtenir un rendez-vous.

A Londres sa première maison se trouvait dans un jardin en friche dont le mur mitoyen donnait sur un grand et beau parc boisé de grands arbres centenaires, le bâtiment principal était clair, sans rideaux aux fenêtres, et rempli des meubles dépareillés. Noureev était riche depuis le début de sa carrière, ses succès étaient nombreux et bien rémunérés, il n'avait seulement pas le temps de penser aux décorations somptueuses dont il rêvait. En réalité pour lui tout était un décor et, jusqu'à la fin de sa vie, les meubles haute époque, ceux qu'il préférait, les tentures de velours anciens, les tapisseries en cuir de Cordoue, les tableaux et les objets d'art, tout cela que de grands décorateurs organisèrent plus tard autour de lui ne l'amusait qu'un moment, le temps de prendre sur un canapé une pose de pacha alangui, à la stupeur de ses visiteurs qui se seraient agenouillés devant lui comme les musulmans devant Allah. La foi qu'il portait à la danse et qui le tenait sans cesse en haleine, la pratique de son art et la sexualité consommée en conversation, en gestuelles arrogantes et en chair et en os pour finir étaient son quotidien.

La nourriture et les boissons ingurgitées dans un style gargantuesque dont il faisait grande consommation dans sa jeunesse, tenaient le temps passé une place très modeste. Noureev entouré d'or et de gloire n'avait besoin pour vivre que d'un strict minimum, rien ou presque rien. De ce fait, son énergie se portait tout entière sur son travail et lui permettait ainsi de danser plus que les autres et de mettre tous ses dons sur l'autel de l'art auquel il dédiait sa vie.

## 1968

Après avoir fait avec Noureev les quatre cents coups à Londres, j'espérais bien que pendant notre séjour à Milan où je devais lui régler un nouveau ballet sur la symphonie *Extase* de Scriabine, le monstre me ferait découvrir une ville dont l'activité nocturne n'était pas évidente. Ville grise animée le jour, mais la nuit venue, à part le corso Vittorio-Emanuele, ses cinémas et ses cafés où la foule venait se distraire le samedi soir, toutes les artères et les places de Milan semblaient tôt endormies. Mais voilà, Noureev était occupé ailleurs et me laissait, une fois le travail terminé, organiser seul ma vie de distraction, un peu d'exotisme italien m'étant nécessaire afin de satisfaire ma curiosité insatiable. Le temps passait et à part mes heures d'*Extase* à la Scala, les soirées me semblaient bien longues.

Jusqu'au jour où le monstre me proposa de me faire visiter son Milan by night.

Cicérone exemplaire il passa la capitale lombarde au peigne fin, les bars mal fréquentés, les lieux de strip-tease et notamment le fameux théâtre Smeraldo où des danseuses sans âge effeuillaient leurs costumes fanés devant un auditoire strictement masculin dont les mains étaient occupées sous leur imperméable négligemment posé sur leurs genoux; les dancings qui devaient être à la mode avant la guerre et où des prostituées vautrées sur des chaises bancales vous invitaient à la débauche, rythmée par des orchestres désaccordés.

Et enfin derrière la vaste gare mussolinienne, le quartier des travestis aux seins gonflés par d'imposantes prothèses. Ces hermaphrodites extravagants, ébouriffés, montagnes de nattes, queue de cheval, ou casqués de gomina, étaient juchés sur des talons aiguilles aiguisés, leur manteau de fourrure nylon ou quelquefois un vieux vison entrouvert sur leur corps dénudé, ayant pour tout décor leurs bas résilles et leurs jarretelles.

Les messieurs arrêtaient leur voiture pour inviter ces dames à faire un tour, toujours précédé par une conversation où se discutait le tarif selon le choix de la chorégraphie à exécuter.

Je n'avais encore jamais vu un tel embouteillage nocturne, aussi coloré, exotique et effrayant, un carnaval cauchemardesque barbouillé de cosmétiques et de poudre blanche.

Rudolf riait beaucoup de me voir si ingénument surpris, enfin je voulais le lui faire croire.

Jacques Chazot me dit : « Dans la danse je ne suis pas n'importe qui, je suis le seul danseur au monde à faire les fouettés doubles sur pointes*, même Noureev n'en fait pas autant. »

C'est dans *Extase* créé à la Scala de Milan que Noureev pour la première fois s'est investi dans un genre de chorégraphie qui lui permettait de lâcher les amarres de la tradition classique. Nous avons dans une petite salle qui nous était réservée travaillé chaque jour pendant plusieurs semaines. Là le temps passait très vite, ensemble nous réinventions sa façon de danser, d'exister, en devenant un danseur du XX^e^ siècle.

Première à la Scala d'*Extase*.

Noureev danse, reflétant par sa gestuelle l'éclat d'un soleil branché à une prise électrique peint par De Chirico. Soleil jaune étincelant posé au sol cachant en partie un soleil noir, l'autre

* Enchaînement de pirouettes sur une jambe, en utilisant l'élan de l'autre jambe, exercice réservé exclusivement aux ballerines.

face de la personnalité du danseur qui s'exprime au fur et à mesure que le ballet avance comme un aveugle qui aurait perdu son chemin, hésitant entre l'ombre et la lumière. Ce ballet est venu après *Paradis perdu* faire les beaux soirs de l'Opéra Garnier.

Le toujours séduisant Mister Hyde se couche tous les jours vers trois ou quatre heures du matin, quelquefois au lever du soleil, et pourtant il est quoi qu'il arrive le premier à l'entraînement au cours de dix heures, ne ratant pas un exercice jusqu'aux grandes pirouettes, aux manèges et aux tours en l'air, exemplaire en un seul exemplaire.

Rudolf : « I will not dance with her for ever. I have to be independent or what will I do when she is older*. » Le

* « Je ne danserai pas avec elle toute ma vie. Je dois être indépendant, sinon que faire quand elle sera plus âgée. »

monstre parlait de Margot. Il ne voulait aucune contrainte, et pourtant il était très attaché à sa divine partenaire.

Noureev and Friends.

Lui la star et un petit groupe de bons danseurs pour le mettre en valeur, le tout servi dans une suite chorégraphique hybride, mais qui déclenchait assurément le triomphe attendu. Noureev, en possession de ses moyens les plus divers de danseur, de mime et de héros volant et gracieux, savait susciter les ovations. Dans ce spectacle ils étaient une dizaine environ sur le vaste plateau, accompagnés par une modeste bande-son empruntée à quelque éditeur sans exigence financière. A Paris, la salle du Palais des sports où se produisait l'événement devait contenir environ quatre mille personnes, et elle était pleine à craquer.

Résumons : coût du spectacle, nul. Je pensais donc que mon ami Noureev s'organisait des soirées fructueuses faisant ainsi tinter le jackpot qui abondamment le comblait chaque soir. Eh bien non, ô surprise, son cachet était relativement bas par rapport à l'attraction populaire qu'il déclenchait. Oui vraiment très modeste. « Je pense que c'est très bien ainsi you know, I want to come back next year* ». Le raisonnement était juste. Quelle leçon pour les danseurs qui demandent des cachets astronomiques et dansent de moins en moins chaque année. Noureev, lui, additionnait à cette époque environ deux cent cinquante représentations de janvier à décembre. C'était trop peut-être, mais cela l'enivrait, il se sentait Superman, celui qui volait le plus haut.

Palais des sports, Paris, années 70.

Noureev sort de scène épuisé, Luigi Pignoti son masseur attitré l'attend et après l'avoir en quelques secondes dépouillé de son pourpoint et de son

---

* […], je tiens à revenir l'année prochaine. »

maillot de danseur, lui jette un peignoir sur les épaules, Noureev s'en enveloppe, s'éponge le front d'une serviette et épuisé va s'allonger sur la table de massage. Pignoti est prêt à œuvrer sur la musculature du champion, il lui faudra tel un élixir de vie chasser crampes et courbatures et insuffler souplesse et détente à ce corps qui à nouveau sera prêt à rebondir, à s'éclater d'ivresses nouvelles. Mais avant d'accomplir ce cérémonial quotidien, Pignoti doit commencer par éplucher les jambes de l'idole en les libérant des dizaines de mètres de ruban adhésif qui les emprisonnent, esclaves d'un traitement impressionnant de rudesses par trop répétitives, ces fameux deux cent cinquante spectacles par an, ce qui représente environ sept cent cinquante heures de présence scénique, et environ le double ou plus en heures d'entraînement et de répétitions.

Donc le Signor Pignoti se met méticuleusement au travail ; il décolle avec soin les nombreuses bandelettes qui momifiaient les jambes de l'athlète. Après quelques secondes on voit apparaître l'entrelacement de veines bouillonnantes comme prêtes à exploser, l'effet est impressionnant. Pignoti tel le docteur Frankenstein libère enfin sa créature de l'armure qui le soutenait et l'aidait à vaincre la difficulté de danser à son rythme survolté. C'est vrai, avec son corps le danseur était un tyran, il traitait sa personne comme un esclave auquel on ferait faire les travaux les plus pénibles, les plus lourds, les plus désobligeants ainsi que les besognes les plus basses. Vivre ainsi en ne négligeant rien, ni les grandes difficultés qu'exigeait sa vie d'athlète, ni l'ennui de cultiver sa gloire, pas plus qu'il n'envisageait de freiner ses élans sentimentaux ou plutôt charnels, le tout était une énorme charge afin d'éviter que sa propriété, c'est-à-dire lui-même, ne devienne comme une terre en friche. Chaque jour débroussailler, labourer, semer et récolter, il lui restait bien peu de temps pour dormir.

« La vérité de l'art se trouve dans le travail et dans la souffrance. » (Conclusion du Petit Robert sur l'analyse de *La Mouette* de Tchekhov.)

Rudolf, tu dis deux cent cinquante représentations cette année, mais comment trouves-tu le temps d'entretenir ton corps, tes muscles, ton esprit ? Aujourd'hui tu as souvent l'air absent et donnes l'impression au milieu de tes danses d'oublier ton public qui perd pied et part à la dérive. Où est l'idole ? C'est à ce moment précis que j'ai pris la parole pour raconter la similitude entre Rudolf et la baleine exposée sur la place des Invalides, les Parisiens se précipitaient, ils voulaient tous visiter le géant des mers, pour simplement pouvoir dire « j'y étais et je l'ai vue ». Il y eut un long silence, l'idole écumait, le message était passé, Rudolf s'est mis à rugir tout en essayant de renverser sur le provocateur la table devant laquelle nous dînions. Heureusement la table était lourde et a résisté à la tornade.

Pour Noureev je devais faire à l'Opéra de Paris un ballet inspiré du *Fantôme de l'Opéra* de Gaston Leroux sur une partition de Marcel Landowski. J'avais obtenu que le danseur me consacre six semaines, ce qui est relativement peu pour créer sur lui, sur mesure, son premier rôle de composition, mais voilà, les six semaines sont devenues cinq, puis quatre, pour se terminer enfin par deux semaines avant la première représentation.

Après avoir déclaré à l'agent de ce courant d'air qu'il m'était impossible de construire ce long ballet en si peu de temps, que cette proposition de calendrier était de la part d'un artiste comme Noureev une véritable blague, que j'avais dû confondre les mois, les semaines et les jours, mon étoile filante a pris un avion de la ville lointaine où il performait et est venu passer une heure avec moi. « Why don't you choreography on anybody practical to you, I will learn it in one week*. » Je n'ai pas cédé, et nous étions à nouveau chacun sur une planète différente.

Le danseur cachait l'homme, un homme sans compromis, sans artifice, un homme sensible, généreux, cachant ses émotions, aimant le beau, toujours attiré par l'insaisissable.

Quant à l'homme public, c'était bien différent. Quelle tête de pioche ce Noureev, têtu comme une mule, grossier, punk et plus ordinaire encore, pourtant courageux comme un régiment de Sénégalais, noble et franc comme un louis d'or, plus économe que l'avare de Molière, le sens de l'humour tel un citoyen britannique, aussi fidèle que Junon et météorologique que Jupiter, séduisant comme Perdican

* « Pourquoi ne répètes-tu pas la chorégraphie avec quelqu'un de plus disponible, je l'apprendrai en une semaine. »

ou plutôt comme Lorenzaccio, et tels les héros sordides de Tarantino, brutal et borné.

« Tu as donné *Le Jeune Homme* à Moscha*, moi je l'ai dansé before**. Why didn't you give it to me for my tours*** ? » Quelle mauvaise foi, Rudolf is too much. Tant de fois je me suis surpris à lui demander pourquoi il ne dansait pas ce ballet dans ses nombreuses tournées (une table, quatre chaises, un lit et une potence pour représenter cette œuvre). Peut-être trouvait-il ce *Jeune Homme* trop encombrant.

Rudolf n'était pas près de ses sous pour s'asseoir dessus, mais plutôt parce qu'il savait depuis ses premières économies que tous les revenus de ses nombreux contrats seraient versés à la

* Mikhaïl Baryshnikov.

** Avant lui.

*** « Pourquoi ne me l'as-tu pas donné pour mes tournées ? »

fondation qui portait son nom et mettraient ainsi en mouvement une aide artistique aussi bien que sociale pour permettre aux jeunes danseurs dépourvus d'avoir une chance d'apprendre la belle danse, celle qui permet d'accomplir toutes les autres.

Rudolf fait une boulimie chorégraphique, il lui faut danser les chorégraphes les uns après les autres pour se prouver qu'il peut s'adapter à chacun et les interpréter avec plus de flamme, d'envergure et d'élévation que ses confrères, contrits devant ses triomphes techniques et financiers.

Je suis malade à Marseille, et n'ai rien d'autre à faire que regarder la mer et voir passer les bateaux en partance pour la Corse, la Tunisie, l'Algérie et d'autres pays lointains. Rudolf me téléphone de Londres tous les vendredis soir de ma convalescence : « If you want I take a plane tomorrow to be with you for the week-end*.» Quel ami en ferait autant ?

New York

Après le succès de *Hair, Oh! Calcutta!* était le must de New York, impossible de visiter la cité sans voir ce spectacle provocant inspiré du fameux tableau de Clovis Trouille dans lequel le sujet central est un opulent derrière féminin, d'où le titre en français. Sur scène on voit aussi pour la première fois des sexes masculins participer en mouvement aux évolutions féminines.

Noureev me téléphone, « you can't miss that** », et me voilà parti à la recherche de la place introuvable, que j'ai finalement pu me procurer grâce à mes relations dans le show-biz. Le spectacle avait lieu downtown dans un petit théâtre off Broadway, très éloigné de Central Park où je logeais.

* « Si tu veux, je peux prendre un avion demain et passer le week-end avec toi. »
** « Tu ne peux pas manquer ça. »

Après avoir assisté à ces festivités burlesques, à la sortie le public se bousculait pour obtenir la faveur d'un des rares taxis qui se trouvaient devant le théâtre en leur promettant un bon pourboire s'ils acceptaient de les conduire dans un lieu plus civilisé.

Je suis rentré à pied en utilisant l'Empire State Building comme boussole pour me trouver soudain sur un grand boulevard désert et sans lumière, entouré d'une faune grouillante qui sortait de vieilles maisons basses qu'ils squattérisaient, ils roulaient sur l'asphalte, glissaient, rampaient autour de moi en me demandant de l'argent, ma montre, enfin quelque chose ou n'importe quoi en me tirant par mon pantalon. Ils commençaient à me bousculer sérieusement. J'avais les miches à zéro. Heureusement une voiture de police est passée par là et m'a ramené à Times Square. J'ai téléphoné à Rudolf en le remerciant de m'avoir conseillé un si charmant spectacle.

Monsieur Noureev critique. Il aime la danse classique ou contemporaine et comme tout le monde les danses folkloriques qui exaltent les pays qui les dansent, mais ses goûts sévères, presque toujours les miens, sont souvent dictés par l'opportunité qu'il aurait à les danser.

Le lendemain d'une première à Londres, invité chez lui, je l'ai trouvé le matin sur le sol de sa salle de bains endormi, le corps en boule roulé sur lui-même, enveloppé dans un drap, baigné de la lumière aveuglante du soleil qui se levait. La scène avait un côté dramatique qu'aurait très bien pu mettre en scène Pasolini. Je croyais assister à la naissance de Lucifer, l'ange déchu peint avec les ombres et les couleurs qui se reflétaient sur le carrelage. Après cela la maison de La Turbie, au-dessus de Monte-Carlo, que gérait avec soin et dévouement son amie Marika Besobrasova. Belle demeure bourgeoise d'un début de siècle tarabiscoté. L'appartement de Paris, quai Voltaire, surplombant le pont du Carrousel et le pont Royal, fastueusement décoré, faisait la une des magazines spécialisés. Sans parler de l'appartement du Dakota Building de New York, de sa ferme de Virginie, ou de la maison de Saint Barth que Noureev a visitée bien rarement et pour finir, dans les dernières années de sa vie, de l'île Li Galli qu'il acheta à la famille Massine près de Naples.

Le producteur Jane Hermann nous invite au Met de New York. Le Ballet national de Marseille, ses ballets, ses étoiles, et quelques guests * pour étoffer nos programmes. Cette proposition me comblait, quinze jours devant une salle de cinq mille places, cette gageure ne me semblait pas insurmontable. Le contrat signé, j'envisageais cette saison avec bonheur, quand Jane Hermann m'annonça souriante qu'elle

* Artistes invités.

aimerait bien inviter Noureev à danser deux ou trois soirs Quasimodo dans *Notre-Dame de Paris*, cela serait un plus qui apporterait un éclat supplémentaire à notre séjour new-yorkais. Que de problèmes en vue, le rôle étant déjà distribué. Après un refus, et maintes hésitations, un pas en arrière, un pas en avant, je me laissai fléchir et acceptai sa proposition.

Claire Motte* était déjà rongée par une terrible maladie qui allait l'emporter et c'est elle qui faisait répéter le Quasimodo de *Notre-Dame de Paris* à Noureev. Lui, plutôt que d'essayer d'apprendre le ballet ses pieds nus dans des sandales Scholl aux épaisses semelles de caoutchouc, pensait à autre chose, il lui fallait aller au plus urgent, et le plus urgent n'était-il pas de signer des contrats, et de prendre soin de sa personne, quant à Quasimodo il se débrouillerait sur scène.

Vous devez bien penser que ces

* Créatrice du rôle d'Esmeralda.

répétitions manquaient de tonicité et de conviction. J'étais moi catastrophé, mais Rudolf avait si peur de ne plus danser et d'être mis à l'écart si la profession apprenait qu'il avait signé un pacte avec le diable, qu'il faisait en sorte de mettre à ses mesures toutes les situations qui lui semblaient insurmontables, il évitait les obstacles et allégeait les difficultés.

Donc Rudolf dansait Quasimodo. Il était déjà malade. Je ne le savais pas, aussi la façon dont il travaillait son rôle avec parcimonie m'agaçait-elle au plus haut point. Rudolf me décevait et j'en arrivais à me demander si cela n'était pas l'expression d'un mépris total, comme je l'avais vu pratiquer tant de fois vis-à-vis de ses nombreux collaborateurs ; peut-être avait-il l'intention de me provoquer et cela pour une fois encore jouer au bras de fer et prouver finalement sa supériorité. Il était là sur scène et dansait maintenant n'importe comment, mais il était là et cela, pensait-il, était le principal, le public venait pour applaudir son arrogante performance et ovationner peut-être pour la dernière fois son idole.

En réalité, il n'en était rien. J'ai réalisé plus tard qu'il sentait ses forces l'abandonner et que pour la première fois il doutait de lui.

Rudolf à la barre dans un coin de scène derrière le décor.

Moi : « Je suis heureux que tu danses Quasimodo, c'est un rôle que j'affectionne et auquel tu vas donner une dimension nouvelle. »

Lui, sans me regarder : « Listen, I have nothing to do with your hunchback. I am a classical dancer, *Swan Lake*, *Gisèle* and others are my repertory *. »

En effet il n'avait pas beaucoup répété et son entrée sur scène fut inat-

* « Ecoute, je n'ai rien à voir avec ton bossu. Je suis un danseur classique, mon répertoire c'est *Le Lac des cygnes, Gisèle* et bien d'autres. »

tendue et burlesque. Plutôt que de porter une bosse sur son épaule, il avait l'air de porter son sac à main en bandoulière. Makarova qui dansait avec lui cherchait son partenaire qui était toujours en retard, comme si la bande-son n'était pas synchrone avec la bande-image. Le spectacle avait un relent de vieux film des Marx Brothers, *Une nuit à l'Opéra* par exemple, et ce fut une fois de plus un triomphe devant les cinq mille spectateurs du Met.

« If darling Roland does not like me in Quasimodo, he can fuck himself. I will dance it in Paris with you Douchka *. » C'est en ces termes que j'appris par Makarova, l'Esmeralda de Noureev à New York, qu'elle était invitée à l'Opéra Garnier par le monstre alors directeur de la danse de

---

* « Si Roland chéri ne m'aime pas dans Quasimodo, il peut aller se faire foutre. Je le danserai à Paris avec toi, Douchka. »

notre théâtre national. C'est bien beau de tout décider sans l'avis de l'auteur, mais voilà, l'auteur n'était pas d'accord.

Aussi, après la dernière représentation de *Notre-Dame de Paris*, donnée au Metropolitan Opera House avec en alternance deux casts* de danseurs célèbres, je me retrouvai à un souper organisé dans son hôtel particulier par l'incontournable et amicale Jane Hermann qui faisait la pluie et le beau temps au Met.

Etaient là les personnages les plus in les plus out aussi, et parmi tous ces gens de théâtre bruyants et déguisés, était royalement assise avec aisance et majesté la pharaonienne Martha Graham. Présentations, révérences, baisemains, le climat chaleureux dans lequel étincelaient des éclats de rire, des compliments à l'emporte-pièce tonitruants ou chuchotés à l'oreille

---

* Distributions.

était celui positif d'une ambassade américaine recevant avec tous les honneurs un groupe d'artistes français venus jusque chez eux pour faire passer la bonne parole, celle de la culture de notre pays, souvent influencée par le charme violent de la leur, si désuète par moments mais plus souvent d'avant-garde.

Le tout ronronnait, quand soudain une odeur de soufre envahit le grand salon et les pièces de réception attenantes, le monstre était là, un verre à la main, les yeux crachant du feu, les naseaux de la fumée, et la bouche, telle la méchante sœur de *La Belle et la Bête* de Madame de Beaumont mise en scène par Cocteau… des crapauds : « I have heard mister Petitttt that you don't like me in your shit ballet, so mister Petitt I will tell you one thing, I don't care a damn, I don't care of your ballet, of any french ballet neither, I don't care of shit french dancing, and anything coming from you and your french touch*. »

Grâce au ciel Zizi apparut comme par enchantement, et s'intercala entre les combattants éventuels. Tout s'immobilisa, on entendit une mouche voler. Zizi me prit par la main, Jane nous accompagna jusqu'à l'escalier. Le lendemain j'envoyais une lettre recommandée à l'Opéra de Paris demandant à la direction de retirer tous mes ballets de son répertoire. J'étais le premier à supporter cette crise, mais n'avais pas d'autre solution pour éviter le pugilat dans lequel le monstre aurait tant aimé se rouler avec moi. Les insultes américaines étaient sales, cruelles et malvenues de la part de ce voyou auquel j'étais pourtant très attaché, mais le divorce était la seule solu-

* « J'ai appris, monsieur Petit, que vous n'appréciez pas ce que je fais dans votre ballet de merde, alors monsieur Petit sachez une chose, je m'en fous, je me fous de votre ballet ou de quelque ballet français que ce soit, et je me fous de cette danse française merdique comme de tout ce qui peut venir de vous et de votre style français. »

tion. Séparation en vue probablement trop longue. Le temps pansera les plaies d'amour-propre.

Quelques mois plus tard, *Cancan** au théâtre Minskoff à Broadway.

Le soir de la générale, le portier vient m'annoncer que Rudolf Noureev était installé avec quelques amis dans la salle vide où le spectacle pas encore au point devait pour la première fois filer du début à la fin sans interruption. Je n'ai pas prévenu Zizi qui portait le spectacle sur ses épaules pour ne pas lui donner d'émotions supplémentaires, et j'ai demandé au portier de prier nos spectateurs improvisés de bien vouloir quitter le théâtre.

Je me pose la question aujourd'hui, presque deux décennies plus tard, comment ai-je pu me laisser embarquer par un chorégraphe de renom à cosigner avec lui une lettre qu'il me

* Comédie musicale de Cole Porter.

présenta terminée, bouclée comme pour la dernière édition du journal, et à laquelle il ne manquait plus que ma signature, ce qui fut fait, la lettre étant aussi sec cachetée et expédiée ? Oui, comment, malgré les insultes et la guerre déclarée entre Noureev et moi, ai-je pu me laisser aller à participer à ce message perfide et de mauvais goût, envoyé pour être imprimé à un quotidien, et pas le moindre, attaquant la gestion de Noureev à l'Opéra de Paris ? Oui aujourd'hui je le regrette beaucoup, il aurait mieux valu, si mes sentiments agressifs étaient si forts, rester drapé dans l'indifférence la plus totale. J'avais retiré mes ballets de l'Opéra et refusais tous les rapprochements qu'essayait d'organiser mon ami Igor Eisner, grand amateur de danse, pour faire se rencontrer les deux amis désunis. En réalité je n'attendais qu'un signe du monstre pour la réconciliation que j'espérais. J'en avais assez de toutes ces brouilles et lui aussi, probablement. Qu'attendions-nous pour, après une affectueuse accolade, nous accepter une fois pour toutes avec nos caractères différents et pourtant quelquefois si proches ? Enfin le jour arriva où Rudolf me téléphona, m'annonçant qu'il venait me voir chez moi rue de l'Université. J'ai raccroché en lui déclarant « je t'aime bien tu sais » et lui de répondre avec une voix pâle et hésitante, car il lui fallait mettre un mouchoir sur son amour-propre, « I love you too * ».

Aussitôt le pacte était conclu, nous n'aurions plus par la suite que des jours de complicité profondément, affectueusement et honnêtement sincères. La guerre était terminée.

Le fauve après un bref dîner au caviar me demanda de quoi écrire, il voulait immédiatement m'attacher par un contrat détaillé qui me lierait à lui, à l'Opéra de Paris dont il tenait les rênes du ballet, et je vis ô miracle le

* « Je t'aime aussi. »

danseur qui parlait mal le français et à peine mieux l'anglais et de ce fait ne pouvait écrire correctement dans aucune de ces langues, se transformer en clerc, et se montrer savant en la matière. Allons-y, « first year *Coppélia* », « second year... » il était parti, rien ne l'arrêtait, ni les fautes d'orthographe, ni la construction des phrases, pas plus que les mots qu'il ne trouvait pas dans son dictionnaire broussailleux, ceux-là il les écrivait en russe, ou bien il les inventait, le fauve arrivait toujours à ses fins.

Le lettre-contrat terminée, il la mit dans sa poche, pour lui le deal était conclu.

Avec le fauve pas d'artifice, l'amitié était rare mais sincère, et le bras de fer qu'il aimait tant pratiquer pour se prouver sa supériorité musculaire aussi bien qu'intellectuelle laissait ses partenaires désarçonnés, pantois, le cul dans la poussière. Son esprit vif et sa repartie foudroyante achevaient son rival anéanti.

Avec moi c'était différent, un profond lien d'amitié ainsi qu'une méfiance qui nous était commune le faisaient hésiter à sauter sur son cheval de bataille. La plupart du temps il préférait être conciliant, et souvent c'est moi qui déraillais et profitais de l'accalmie pour, à tort, le provoquer. Je ne m'en sortais pas toujours indemne, envahi par une nostalgie qui me faisait regretter les temps calmes et sereins, quand planait une ambiance de rires et de complicité.

## Li Galli

Je ne comprenais pas que Rudolf, toujours si vivant, si entreprenant, soit allé s'enfermer dans une île, aussi exotique ou luxueuse soit-elle. Pourquoi, lui ai-je dit un jour qu'il me parlait de sa nouvelle acquisition, ne pas avoir restauré un palais napolitain et du balcon voir défiler la gent du grand monde jusqu'aux petits truands auquel il aurait pu faire descendre un panier accroché à une ficelle contenant une invitation en règle accompagnée du code d'entrée de sa demeure et du mot de passe pour se hisser jusqu'au maître de maison.

La vie serait plus belle et mouvementée que dans une île déserte où il avait peu de chances de rencontrer son Vendredi. « I have thought of it but I prefer to let them come to me still if they have to swim the channel* », et il riait. Dans ses habitations, Monsieur Noureev a un goût prononcé pour le meuble haute Epoque pesammen décoratif qu'il met en scène avec un goût de seigneur du Moyen Age, la gent masculine étalée sur les murs entourée de cadres précieux, expose des athlètes en tenue d'Adam mettant en évidence leurs attributs souvent avantageux.

* « J'y ai pensé, mais je préfère que ce soient eux qui viennent à moi, même s'ils doivent pour cela faire la traversée à la nage. »

Roch-Olivier Maistre qui travaille à la Culture et aussi à cultiver l'amitié me raconte son voyage en Russie où il accompagne Noureev qui va retrouver sa mère absente de sa vie depuis une trentaine d'années. Cette rencontre est un événement important, enfin il peut retourner dans son pays, lui qui a choisi d'être un citoyen du monde. Il est très ému de retrouver sa famille, de revoir le Kirov, le théâtre de son enfance. L'avion va décoller, chacun sait que Rudolf éprouve une peur panique dès que les moteurs commencent à ronronner, il se met aussitôt en boule, en position de fœtus, il ne veut rien voir, rien entendre, les moteurs accélèrent, l'avion s'arrache de terre, soudain au moment de l'envol, Rudolf lève la tête et dit à Roch-Olivier Maistre surpris : « You don't know how much we had fun Roland and I*. » Sa phrase termi-

* « Vous ne pouvez pas savoir ce qu'on a pu s'amuser Roland et moi. »

née, il se remit très vite dans la position qui lui semblait la plus sécurisante.

Last month in New York I made love with someone. I have put the plastic, everything was under control and suddenly I realized that I had lost the condom, catastrophe. J'ai téléphoné à mon docteur à Paris and when I was back home we did the test... Nothing*.

Rudolf me racontant son histoire ne disait évidemment pas qu'il avait le sida depuis déjà cinq ou six ans. Avec lui, c'est toujours l'inattendu, à part dans les théâtres où il passe la plupart de sa vie. Tout le reste n'est qu'acrobaties.

Le must, l'incontournable pour lui était toujours le fameux chorégraphe

* Le mois dernier à New York j'ai fait l'amour. J'avais mis mon préservatif, tout allait bien, et tout d'un coup je me suis rendu compte que la capote était partie, catastrophe. J'ai téléphoné à mon docteur à Paris et quand je suis rentré nous avons fait le test... Rien.

russo-américain, Mister B. Il me cassait vraiment les pieds avec ses dithyrambes jusqu'au jour où celui pour lequel il éprouvait un goût prononcé s'en est allé rejoindre Terpsichore au paradis. Il me prit les deux mains et, les yeux dans les yeux, avec une sincérité souriante et taquine, me dit dans un élan d'affection : « Now you are the best*. » Son goût était-il infaillible, j'étais en tout cas ravi d'être le premier en son cœur.

Je raconte à Noureev : vous prenez une chaise, vous en mettez une tout contre la première, vous vous asseyez au milieu des deux chaises, vous êtes alors le cul entre deux chaises. Le directeur du ballet de l'Opéra se croit bien installé jusqu'au jour où quelqu'un ou quelque chose fait s'écarter les deux sièges, et là, soudain il se retrouve le cul par terre. Cette histoire

* « Maintenant c'est toi le meilleur. »

prémonitoire se réalisa quand Rudolf laissa le ballet de l'Opéra se diriger seul pendant qu'il tournait aux Etats-Unis avec la célèbre opérette *The King and I* dans laquelle il avait repris le rôle créé par Yul Brynner.

Voyager autour de la terre plusieurs fois par an, l'entraînement quotidien, les spectacles et son business qu'il avait pris en main depuis la disparition de Gorlinsky, son agent fidèle qui l'avait aidé dès le début de sa carrière internationale, sans oublier les mondanités du jet-set, et surtout cette horrible maladie qu'il fallait sans cesse essayer de garder à l'écart par des soins exigeants et de plus en plus douloureux. Et pourtant il fallait faire avec, donner le change par une discipline qui faisait que contre les malaises, les indispositions, son arme la plus sûre était la danse, danser le premier et le dernier. Un jour, finissant l'entraînement après tout les garçons et filles plus jeunes que lui, s'asseyant sur le sol du studio, après un manège de coupés jetés, essoufflé mais appliqué jusqu'au bout, Rudolf après quelques secondes vint près de moi et me dit en me regardant droit dans les yeux avec insistance pour que j'entende sa vérité : « You see, I do it exactly like thirty years ago when we met*. »

Rudolf,
Combien de longs voyages as-tu faits jusqu'à Panama pour aller visiter ta tendre amie Margot qui essayait de cacher ses problèmes de santé. Tu as trouvé au milieu de ton calendrier surchargé le temps de voler jusqu'à elle pour de brèves rencontres émouvantes qui te laissaient présager une fin imminente. Aujourd'hui que tout est fini, je pense que j'aurais aimé garder un souvenir chaleureux de la visite que j'aurais pu faire moi aussi à la grande dame aux cheveux blancs qui était toujours

* « Tu vois, j'y arrive exactement comme il y a trente ans quand nous nous sommes rencontrés. »

si belle. J'aurais dû sauter dans un de ces avions que je n'aime pas plus que toi et revenir de Panama avec un dernier souvenir de Margot à garder tout près de moi, sur mon cœur.

Quel effet cela doit-il faire lorsque avec beaucoup de précautions et avec une voix calme et posée le docteur qui vient vous donner les résultats de votre prise de sang vous annonce que vous êtes séropositif ? Une prise de sang faite pour trouver la solution à des problèmes de santé que vous pensiez bénins.

Cela n'est pas possible, il y a une erreur, je suis sur scène tous les soirs, je danse, je suis incassable, fort, la vitalité m'habite, je fais des étincelles, je prêche en dansant, je communie avec des milliers de personnes tous les soirs et je leur donne envie de vivre. Dites-moi que je ne vais pas mourir si vite.

Rudolf chez lui à Paris, un morceau de métal de la taille d'une pièce de cinq francs planté comme un clou dans la poitrine juste à la hauteur du cœur. Au centre de cet appendice un bouchon que l'on dévisse tous les deux ou trois jours pour avec une seringue aspirer le liquide qui étouffe son cœur et paralyse le rythme de sa vie. Comment a-t-il eu le courage de résister à toutes ces épreuves et de continuer à jouer chaque soir le rôle du grand danseur épuisé parce que insuffisamment aidé par une musculature vieillie et défaillante, et de se voir un peu plus chaque jour transformé en robot ?

Là il faut graisser, étirer, nettoyer, aspirer, débloquer ; ici découdre pour recoudre et quand la machine ne veut plus rien entendre, les infirmières à voix basse parlent de morphine.

Enfin quel soulagement, la mort est-elle si près ?

Après un dîner bien triste, Rudolf au moment de nous quitter devant sa grande porte cochère, quai Voltaire, nous a pris Zizi et moi tout contre lui et nous a chastement embrassés à la russe, sur les lèvres. A ce même instant de tristesse, car nous devinions que cette fraternelle accolade était probablement la dernière, je n'ai pas pu empêcher mon esprit de se poser la question « ça s'attrape comment le sida ? ». Le sperme, le sang, les seringues, peut-être chez le dentiste, pourquoi pas avec les ciseaux du coiffeur, et la salive ? Peu importe, ces baisers d'amour familiaux étaient des baisers bénis, des baisers d'adieu, au moment où on se sent tous égaux.

Avec ses rares amis, des plus modestes à ceux qui fréquentaient la gloire, Noureev était fidèle, rare, mais déjà absent.

Sa gloire le tenait en exil permanent, éloigné des autres, seul, figé dans son envol. C'est là qu'un jour il a croisé sa mort qui a mis dix ans à l'emporter, dix ans de courage, de souffrance, dix ans de lutte, de résistance contre une occupation cruelle à laquelle, vaillant, il a résisté en s'inventant une santé précaire quand elle était défaillante.

Et pourtant il ne pouvait plus quitter la scène, dansant de moins en moins, mais toujours présent, parfois sous les sifflets d'un public irrespectueux et sans mémoire auquel il n'oubliait pas de faire un bras d'honneur. Il dirigeait aussi des orchestres qui accompagnaient des ballets du répertoire classique, cela lui donnait l'impression d'exister et de vivre le peu de temps qui lui restait entouré d'applaudissements comme à ses jours de gloire.

10 octobre 1992

Nous sommes au milieu de notre saison à l'Opéra-Comique où nous présentons *Charlot danse avec nous*. Noureev est dans la salle enfoui dans une baignoire entouré de quelques amis. A la fin du spectacle après les derniers saluts, je vais le rejoindre accompagné de Luigi Bonino qui interprète Charlot et d'Elisabeth Terabust qui elle danse les femmes qui traversèrent sa vie. Il est à moitié assoupi, mais lucide, il fait quelques compliments, ce qui est rare. Après que ses invités se sont retirés, nous restons seuls dans sa loge. En quelques minutes il me raconte combien il est passionné par la direction d'orchestre. « Why don't you invite me in Marseille * ? » Et comme il connaissait la programmation de ma saison de ballet, il enchaîne « what about *Coppélia ?* ** », oui quelle bonne idée, Rudolf au pupitre. C'était d'accord, ses yeux brillaient et avant de partir, il me demande de lui faire vite parvenir la partition, car il voulait aussitôt se mettre au travail et apprendre le ballet par cœur. Il n'en a pas eu le temps, il arrivait vers la fin de sa course.

Non pas si vite, mais trop vite probablement. Une dizaine d'années de

* « Pourquoi ne m'invites-tu pas à Marseille ? »
** « Que penses-tu de *Coppélia* ? »

courage dans une tempête incessante, tout y est passé, les poumons, les reins, et un peu tout le reste. Crucifié.

Une seule chose l'éblouissait : les danseurs, leur vitalité, leurs prouesses, leur charme, leur talent, leur physique, et surtout l'esprit léger qui les habite.

Enfin les dernières semaines de sa vie, il allait, allongé dans une loge, assister curieux aux créations qu'il aurait aimé danser. Ses quelques derniers jours à vivre, ayant regagné l'hôpital où il logeait comme dans une résidence avec soins palliatifs, il n'avait plus la force d'en repartir pour encore une fois aller voir les danseurs. Engourdi, endormi, il s'est éteint, drapé au chaud dans sa gloire qu'il aimait tant, en laissant derrière lui les étincelles fulgurantes de son génie.

Lui qui avait la hantise de son poids et courait derrière sa silhouette jockey est mort beau et mince avec une ligne de jeune homme comme il s'aimait, il aurait pu alors tel Narcisse se mirer nu dans le miroir d'un puits et se séduire avec délectation. Si ce n'était son visage marqué par la souffrance, il avait vingt ans.

On savait depuis longtemps que le monstre sacré était installé dans la postérité, mais c'est le soir du sacre officiel que tout s'est trouvé à sa place d'une façon irréversible.

Mieux que toutes les décorations, que tous les grades prestigieux, mieux que toutes les promotions des quotidiens, des magazines, que les plus importantes prestations télévisuelles, le monstre se trouvait le jour de ses funérailles au panthéon des danseurs, c'est-à-dire qu'il faisait ses adieux au cœur du Palais Garnier sur le grand escalier entouré par ses collaborateurs, les danseurs grands et petits, et les badauds venus assister à la dernière parade. Paris ne pouvait pas mieux honorer l'artiste, le spectacle faisait passer Noureev directement de plain-pied dans sa légende.

Aujourd'hui les veuves Noureev courent les rues de Paris, se croisent, se rencontrent et s'oublient. Douce, René, Pierre, Wallace Pott, ainsi que Roland qui dit ne pas faire partie du clan, et pourtant il en est, Zizi veuve joyeuse, embaumée dans des rubans élastiques noirs pleure aussi tandis que Hugues gère les biens du divin danseur défunt que celui-ci a légués à la danse. Igor et Marie-Hélène ont fait leurs valises et sont partis le rejoindre. Dans les rues de Rome, Vittoria entretient la flamme, Jane à New York se plaint de l'absence de sa star fétiche, tandis qu'à Londres Maude Gosling est omniprésente dès que le nom du danseur est prononcé.

10 octobre 1997

Une nuit entre songe et réalité, Zizi apprenait à Noureev une chanson de Gainsbourg, et le danseur qui n'était pas un champion du bel canto, pour la première fois, comme par enchantement, se débrouillait fort bien, il ne manquait que les projecteurs et le public.

Tout en chantant Rudolf est venu vers moi, nous avons l'un devant l'autre esquissé quelques pas et enfin commencé à danser ensemble, nous tournions lentement sur place, le rythme s'accélérant, nous ne faisions plus qu'un dans notre complicité.

Soudain le rire vint nous envahir, nous tournions de plus en plus vite dans un tourbillon de joie, le public en masse arrivait pour assister au spectacle, encore encore dansez encore, et Zizi applaudissait.

A la vente Christie's j'ai acheté un pourpoint de velours noir clouté d'or et d'argent que portait Rudolf dans *Le Lac des cygnes*. Quel souvenir ! Je le vois encore courant d'un cygne à l'autre, cherchant sa bien-aimée dans ce chef-d'œuvre auquel il apportait la violence de son romantisme contemporain.

Enfin dans le tourbillon de la danse finale, il disparaissait emporté par les maléfices qu'il savait si bien orchestrer.

Dans ses orages, ses éclairs de génie, ses triomphes, le danseur arrêtait le temps.

*La composition de cet ouvrage*
*a été réalisée par l'***Imprimerie Bussière**
*et imprimée sur presse offset*
*dans ses ateliers*
*à Saint-Amand-Montrond (Cher)*
*en octobre 1998*
*pour le compte des Éditions Grasset*
*61, rue des Saints-Pères, 75006 Paris*

N° d'édition : 10913. N° d'impression : 2042.
Dépôt légal : novembre 1998.

*Imprimé en France*

ISBN 2-246-58491-9